MIXOLOGY

Mocktails

DRINKS TO DRIVE

Ohne Alkohol: *coole Cocktails mit Kräutern und Früchten*

ALLE REZEPTE

AUF EINEN BLICK

Dieser Klassiker ist auch ohne Promille ein Fitmacher.

Titelrezept

DAS DRUMHERUM

Ein gelungener Mocktail beginnt mit der Vorbereitung und mit der Wahl des richtigen Werkzeugs. Wer die wichtigsten Handgriffe kennt und folgende Tipps beachtet, hat den ersten Schritt zu einem wunderbaren Getränk bereits gemacht.

GLÄSERKUNDE

Martinigläser oder Coupettes sind perfekt für kleinere Getränkemengen, die weder auf Eis serviert noch mit viel Flüssigkeit (z.B. Soda) aufgefüllt werden. Die Coupette bietet dank ihrer bauchigen Form mehr Fassungsvermögen. Beide sollte man im Eisschrank vorkühlen, um das Getränk länger frisch zu halten. Den Tumbler, auch Old Fashioned Glas genannt, nimmt man für Getränke, die auf Eis serviert werden. Das Highball-Glas ebenso, es kann jedoch noch mit Soda, Säften o.Ä. aufgefüllt werden.

ARBEITSGERÄTE

Besorgen Sie sich professionelle Arbeitsgeräte. Unbedingt erforderlich ist natürlich ein Shaker: Der Boston Shaker besteht aus zwei Teilen, die ineinander gestülpt werden können. Der bekannteste (in Bars jedoch am wenigsten benutzte) ist der dreiteilige Cobbler Shaker, bestehend aus Basisbehältnis und Aufsatz, der als integriertes Sieb funktioniert, sowie einer Verschlusskappe. Außerdem erforderlich sind ein Barsieb, ein Messbecher, ein Zestenreißer sowie ein Stößel, mit dem sich Früchte, Kräuter und Gewürze zerdrücken lassen.

EISWÜRFEL

Die Bedeutung der Verwendung von guten Eiswürfeln kann man gar nicht genug hervorheben. Eis kühlt das Getränk nicht nur, das Rühren und noch vielmehr das Shaken durchlüftet den Mocktail und das dabei freigesetzte Schmelzwasser verbindet die einzelnen Zutaten. Sparen Sie daher niemals am Eis! Professionelle Bars verwenden sogar doppelt gefrorene Eiswürfel. Besorgen Sie sich ausreichend große Formen (z.B. im Internet) und verwenden Sie gefiltertes Wasser. Holen Sie aber mindestens Eiswürfel von der Tankstelle.

DOPPELTES ABSEIHEN

„Doppelt abseihen“ klingt komplexer, als es tatsächlich ist: Es bedeutet nur, den Inhalt des Shakers oder des Rührglases neben dem Barsieb durch ein weiteres Sieb (ein normales Teesieb ist ausreichend) in das vorgesehene Trinkglas zu schütten. Warum? Gerade das Fruchtfleisch frisch gepresster Säfte gelangt dadurch nicht in den Drink, was diesen farblich weniger trübt und mit der Zeit nicht saurer werden lässt. Die Kleinteile zerstoßener Blätter (z.B. Minze, Basilikum) landen ohne doppeltes Abseihen im Glas – und zwischen den Zähnen. Bitte lächeln!

GARNITUR

Man könnte meinen, die Garnitur oder Dekoration der Mocktails hat nur einen ästhetischen Wert. Keinesfalls! Ein Bündel Minze ist nicht nur schön anzusehen, sondern vermittelt auch einen Ersteindruck des Getränks, der in die Nase steigt. Ebenso verhält es sich mit Zesten: Zitronenzesten machen das Getränk mit der Zeit frischer, Orangenzesten verleihen einen süßeren Geschmack. Bitte beachten: Die weiße Schicht über der Frucht nicht mit abnehmen, da sie bitter ist. Sondern lediglich mit einem scharfen Messer oder Zestenreißer die Schale abtrennen.

with love

ZUCKERSIRUP

Er ist die Basis des süßen Geschmacks und leicht zu Hause herzustellen: Man nimmt Zucker und Wasser zu gleichen Teilen, bringt das Wasser zum Kochen, gibt den Zucker hinein und verrührt ihn auf kleiner Flamme, bis sich der Zucker aufgelöst hat. 10 bis 15 Minuten zugedeckt köcheln lassen, vom Herd nehmen und abkühlen lassen, damit der Sirup nachdickt. In einer Flasche im Kühlschrank ist er etwa 3 Monate haltbar. Auch mit anderen Süßungsquellen wie Agavensirup, Honig oder Stevia lässt sich gut experimentieren.

BANANA PIÑA COLADA

mit frischer Ananas

Dieser herrlich karibische Drink ersetzt das Dessert, ist aber nicht so aufdringlich süß. Die legendäre Kokosmilch-Ananas-Mischung wird durch Banane abgerundet.

1
PERSON

5
MIN. ZUBEREITUNG
+ MIND. 3 STD.
TIEFKÜHLEN

ZUTATEN

1 reife Banane (nicht überreif), 1–2 Ringe frische Ananas (je 1–2 cm dick), 4 cl Ananassaft, 5 cl Kokosmilch, 1 Stück Ananas zum Garnieren

TIEFGEKÜHLT

Die Banane schälen, in 2 bis 3 cm dicke Stücke schneiden und in einem Gefrierbeutel 3 bis 4 Std. in das Tiefkühlfach legen.

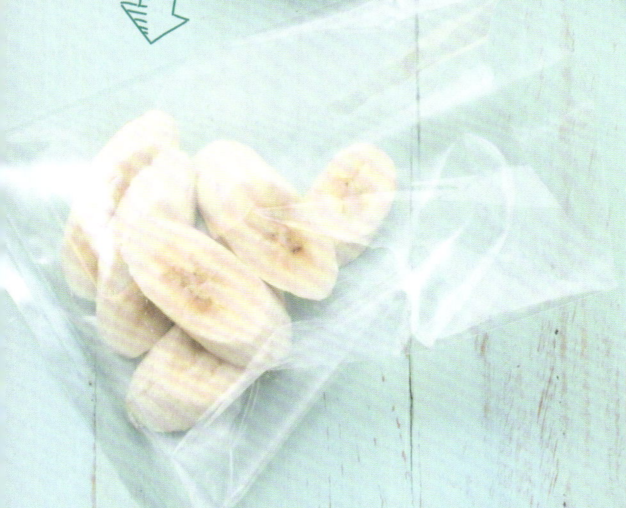

GEMIXT

- Die gefrorenen Bananenstücke, die Ananas, den Ananassaft und die Kokosmilch in den Standmixer geben.
- Etwa 30 Sekunden pürieren.

UND EINGEGOSSEN

- Den Banane-Ananas-Mix in ein Coupette-Glas (ohne Eiswürfel) oder Highball-Glas (auf Eis) abseihen.
- Mit der Ananas garnieren.

CAPRI

mit Trauben

Wenn Sie auf dem Markt frische Yuzufrüchte finden, unbedingt zugreifen! Aber auch ohne diese Exoten aus Fernost schmeckt der Drink außergewöhnlich gut.

1
PERSON

5
MIN. ZUBEREITUNG

ZUTATEN

6 grüne Trauben, einige Zitronen oder Yuzus, 1 cl Holunderblütensirup, 8 Minzeblätter, 75 ml Sodawasser, 1 Stiel Minze zum Garnieren

FRISCH GEPRESST

- Die Trauben waschen. Die Zitronen oder Yuzus auspressen.
- Davon 4,5 cl Saft mit den Trauben und dem Holunderblütensirup in den Shaker geben.

SHAKE IT

- Die Trauben mit dem Stößel gut zerdrücken.
- Die Minzeblätter waschen, dazugeben und leicht andrücken.
- Alles mit Eiswürfeln 10 bis 15 Sekunden lang kräftig schütteln.

AUF EIS

Die Mischung doppelt in ein mit Eiswürfeln oder Crushed Ice gefülltes Highball-Glas abseihen. Das Ganze mit dem Sodawasser aufgießen und mit der Minze garnieren.

COFFEE SHAKERATO

mit Bitterorangen-Marmelade

Dieser Kaffee-Drink macht müde Geister munter! Die gewagte Mischung aus Ingwer, Bitterorange und Espresso ist geschmacklich der Hammer.

1

PERSON

5

MIN. ZUBEREITUNG
+ 2 STD. EINKOCHEN
UND KÜHLEN

ZUTATEN

50 g Ingwer, 50 g Zucker, Espressopulver, 1 TL Bitterorangen-Marmelade, Bio-Orangenzesten zum Garnieren

SIRUP KOCHEN

Für den Ingwersirup den Ingwer schälen, zerkleinern und im Standmixer pürieren. Mit dem Zucker und 150 ml Wasser in einem Topf aufkochen und bei mittlerer Hitze sirupartig einkochen lassen. Durch ein Sieb in eine saubere Flasche abgießen und kühl stellen.

Aus selbst gemachtem Sirup lässt sich mit einem Schuss Zitronensaft eine schnelle Limonade zubereiten.

MIX IT

- Einen kräftigen Espresso zubereiten.
- Espresso, 1 EL Ingwersirup und die Bitterorangen-Marmelade in den Shaker geben.

UND GUT SCHÜTTELN

- Mit Eiswürfeln auffüllen.
- Alles 10 bis 15 Mal kräftig schütteln.
- Doppelt in das Coupette-Glas abseihen und mit der Orangenzesten garnieren.

COFFEE SHRUB SPRITZER

mit Aceto balsamico

Kalt gebrühter Kaffee ist das Gebot der Stunde. Versuchen Sie es mit dieser süßsauren Aufmunterung, die noch dazu unglaublich erfrischend ist.

1
PERSON

5
MIN. ZUBEREITUNG
+ 1 STD. VORBEREITUNG
+ 6 STD. ZIEHEN

ZUTATEN

250 ml Aceto balsamico, 180 g grob gemahlenes Espressopulver, 3 cl Agavensirup, 3 cl Ahornsirup, Sodawasser zum Auffüllen

SHRUB HERSTELLEN

- Den Essig und den Espresso mit 100 ml kaltem Wasser in einer Schüssel verrühren, mit Frischhaltefolie abdecken und bei Zimmertemperatur mindestens 6 Std. ziehen lassen.
- Die Mischung durch ein Passiertuch abseihen.
- Den Agavensirup und den Ahornsirup gut mit dem Essig-Kaffee-Gemisch verrühren.

Jetzt noch ein wenig Geduld für ein intensives Aroma.

RÜHREN, RÜHREN

Ein Highball-Glas mit Eiswürfeln füllen, je nach Geschmack 3 bis 6 cl Shrub hinzufügen und mit Sodawasser auffüllen. Vorsichtig verrühren.

WAS IST EIN SHRUB?

Der Begriff „Shrub“ kommt aus dem Arabischen und bedeutet „trinken“. Üblicherweise besteht ein Shrub aus Früchten, Zucker und Essig. Der selbst gemachte Shrub hält sich bis zu 4 Wochen. Er eignet sich auch zum Würzen in der Küche.

DARK INVADER

mit Vanille

Der fruchtig-vanillige Eindringling ist der Held auf jedem Kindergeburtstag. Aber auch als Erwachsener darf man bedenkenlos zugreifen.

1
PERSON

5
MIN. ZUBEREITUNG
+ 2 STD. EINKOCHEN
UND ABKÜHLEN

Keine Brombeeren zur Hand? Mit Himbeeren oder Erdbeeren wird aus dem Drink ein Pink Invader.

ZUTATEN

1 Vanilleschote, 100 g Zucker, 10 Brombeeren, 4,5 cl Ananassaft, 1 Brombeere zum Garnieren

SIRUP ZUBEREITEN

Für den Vanillesirup die Vanilleschote längs aufschneiden und das Mark herauskratzen. Das Vanillemark mit dem Zucker und 200 ml Wasser in einem Topf erhitzen, bis sich der Zucker aufgelöst hat. Abkühlen lassen, durch ein Sieb in eine saubere Flasche abfüllen und verschließen.

BEEREN QUETSCHEN

- Die Brombeeren verlesen, waschen und trocken tupfen.
- 1,5 cl Vanillesirup, den Ananassaft und die Brombeeren in den Shaker geben.
- Die Brombeeren mit dem Stößel gut andrücken.

KRÄFTIG SCHÜTTELN

- 5 bis 6 Eiswürfel dazugeben.
- Mindestens 20 Sekunden lang kräftig schütteln.
- Doppelt in eine Cocktailschale abseihen und mit einer Brombeere garnieren.

DEATH OF A MATADOR

mit Räucherchili

Mit diesem feurigen Drink gehen Sie auf eine abenteuerliche Aromareise. Die Kombination aus Chipotlechilis und Grüntee hat es in sich.

1
PERSON

5
MIN. ZUBEREITUNG
+ 1 ¼ STD. ZIEHEN UND VORBEREITUNG

Bei der Auswahl des Tees können Sie auch andere Sorten ausprobieren.

ZUTATEN

1 Minigurke, ½–1 l Sodawasser, ca. 5–6 cm Ingwer, ¼ Bio-Limette, 1 TL Roh-Rohrzucker oder 1 cl Zuckersirup, Chipotlepulver (geräucherte Chilis), 120 ml gekühlter Grüntee, je 1 Gurken- und Ingwerscheibe zum Garnieren

GEDULD ÜBEN

Die Minigurke waschen und in etwa 2 mm dicke Scheiben schneiden. 3 Scheiben zur Seite legen, die restlichen Gurkenscheiben zum Sodawasser geben und zugedeckt mindestens 1 Stunde ziehen lassen.

DRUCK AUSÜBEN

- Den Ingwer in 3 Scheiben schneiden.
- Mit Limette, den 3 beiseitegelegten Gurkenscheiben, dem Zucker sowie 1 Prise Chipotlepulver in den Shaker geben und alles gut zerdrücken.
- Den Grüntee dazugeben.

Scharfe Mischung wartet auf Verdünnung!

UND SCHÜTTELN

- Mit Eiswürfeln auffüllen.
- Alles 10 bis 15 Mal kräftig schütteln.
- Doppelt in ein mit Eiswürfeln gefülltes Highball-Glas abseihen und mit Gurken-Sodawasser auffüllen (das restliche Wasser anderweitig verwenden). Mit Gurke und Ingwer garnieren.

EMERALD PALMER

mit Gurke, Minze und Matcha

Dieser grüne Drink pusht die innere Wellness durch die Symbiose aus Gurke und Matcha und ist der perfekte Cooler für einen heißen Sommertag.

2–3
PERSONEN

30
MIN. ZUBEREITUNG

Bei der Minze nur die Blätter verwenden und nicht zu stark drücken, um einen bitteren Geschmack zu vermeiden.

ZUTATEN

3 Minigurken, 6–8 Stiele Minze, 180 ml Zitronensaft, 60 ml Agavensirup, ½ TL Matchateepulver, ½ l Wasser (gekühlt), Salz, Gurkenscheiben und Minze zum Garnieren

MINZE MIXEN

- Die Minigurken waschen und in etwa 2 mm dicke Scheiben schneiden.
- Die Minze waschen, trocken schütteln und die Blätter abzupfen. Mit den Gurkenscheiben in eine Schüssel geben.
- Die Hälfte davon in den Standmixer geben und grob mixen.

CREMIG PÜRIEREN

- In einer Karaffe den Zitronensaft, den Agavensirup, das Matchateepulver und das Wasser vermischen.
- Die Hälfte dieser Mischung in den laufenden Standmixer geben und pürieren, bis eine sehr weiche Textur erreicht ist.
- Das Ganze in ein Bowlegefäß (ersatzweise eine Glasschüssel) umfüllen.

UND NOCH EINMAL

Das Ganze mit der zweiten Hälfte der Zutaten wiederholen und ebenfalls in das Bowlegefäß geben. Mit 1 Prise Salz abschmecken, in ein Tumbler-Glas füllen und mit Gurke und Minze garnieren. Auf Eiswürfeln servieren.

FUJI SOUR

mit Kokoswasser

Ein einfacher Drink mit einer herrlichen Textur. Dafür sorgt die Kombination aus Kokoswasser und Eiweiß – geschüttelt, und nicht gerührt!

1
PERSON

5
MIN. ZUBEREITUNG

ZUTATEN

1 Eiweiß, 60 ml Kokoswasser, 3 cl Limettensaft, 2 cl Zitronensaft,
1 Bio-Limettenscheibe zum Garnieren

MISCHEN

Das Eiweiß mit dem Kokoswasser, dem Limetten- und dem Zitronensaft in den Shaker geben.

SCHÜTTELN

- Zuerst ohne Eis schütteln, dann Eiswürfel dazugeben.
- Alles 10 bis 15 Mal kräftig schütteln, bis die Textur cremig ist.
- Den Drink in ein Coupette- oder Tumbler-Glas mit Eiswürfeln abseihen.
- Mit einer Limettenscheibe garnieren.

DER DRY SHAKE

Bei Drinks mit Eiweiß empfiehlt sich ein Dry Shake – das bedeutet, dass die Mischung zuerst trocken, ohne Eis, geschüttelt wird. Erst beim zweiten Schütteln wird Eis dazugegeben. Der Dry Shake verleiht dem Drink eine cremigere Textur.

BASIL SPRITZER

mit Ginger Beer

Nutzen Sie den vitalisierenden Effekt von Ingwer und Basilikum am späten Nachmittag. Oder am frühen Abend. Oder einfach den ganzen Tag.

1

PERSON

5

MIN. ZUBEREITUNG
+ 1 STD. EINKOCHEN
UND ZIEHEN

ZUTATEN

10 Stiele Basilikum, 200 g Zucker, 3 cl Grapefruitsaft, 120 ml Ginger Beer, 1 Stiel Basilikum zum Garnieren

1 × SIRUP

Für den Basilikumsirup das Basilikum waschen und trocken schütteln. Den Zucker und 100 ml Wasser in einem Topf erhitzen und köcheln lassen, bis sich der Zucker aufgelöst hat. Das Basilikum dazugeben, umrühren und mindestens 30 Min. ziehen lassen. Den Sirup abseihen, in eine saubere Flasche füllen und kühl stellen.

10 × SCHÜTTELN

- 2 cl Basilikumsirup, den Grapefruitsaft und Eiswürfel in den Shaker geben und alles 10 Mal kräftig schütteln.
- Doppelt in das mit Eiswürfeln gefüllte Highball- oder Tulpenglas abseihen.
- Mit dem Ginger Beer aufgießen und vorsichtig verrühren.
- Mit dem Basilikum garnieren.

GINGER BEER ...

... lässt sich auch selbst machen. Am einfachsten geht es mit einem Soda-Siphon (z.B. von iSi): Dafür 60 ml Ingwersaft (aus dem Entsafter), 120 ml Zitronensaft, 180 ml Zuckersirup und 800 ml kaltes Wasser in den Siphon geben und kühl stellen. Dann die Kapsel aufdrehen, einmal schütteln und den Mocktail damit aufgießen.

KOKOS-LIMONADE

mit Lavendelsirup

Diese sinnliche Mischung holt die Provence nach Hause und überzeugt jeden Gast. Besonders erfrischend im Frühling oder Sommer.

5–6

PERSONEN

5

MIN. ZUBEREITUNG
+ 45 MIN. EINKOCHEN
UND ZIEHEN

ZUTATEN

200 g Zucker, 3 TL getr. Lavendelblüten (siehe Tipp S. 29), 1 l Kokoswasser, 180 ml Zitronensaft, ½ l Wasser (gekühlt), 3 cl Zuckersirup, 1 Stiel Lavendel zum Garnieren

SIRUP ANSETZEN

Für den Lavendelsirup den Zucker mit 100 ml Wasser in einen Topf geben, erhitzen und köcheln lassen, bis sich der Zucker aufgelöst hat.

LAVENDEL DAZU

Den Lavendel dazugeben, umrühren und zugedeckt etwa 30 Min. ziehen lassen. Dann abseihen, in eine saubere Flasche füllen und kühl stellen.

ALLES MISCHEN

- Das Kokoswasser, den Zitronensaft, das gekühlte Wasser und den Zuckersirup in eine große Karaffe geben und kräftig verrühren.
- 90 ml Lavendelsirup dazugeben und ebenfalls verrühren (nach Geschmack noch mehr Sirup dazugeben).
- Danach die Mischung in einem Tumbler-Glas auf Eiswürfeln mit dem Lavendelstiel servieren.

KURKUMA TONIC

mit Ingwer und Chia

Viele Grüße aus dem Orient: Dieser kräftige Drink steckt voller Gewürz-Power, er regt die Verdauung an und eignet sich deshalb gut als Aperitif.

5–6
PERSONEN

5
MIN. ZUBEREITUNG
+ 30 MIN. VORBEREITUNG UND ZIEHEN

ZUTATEN

Ca. 10 cm Ingwer, ½ TL gemahlene Kurkuma (oder 10 cm geschälte Kurkumawurzel), 130 g Honig, 70 ml Limettensaft, 2 TL schwarze Pfefferkörner, 1 EL Chiasamen, Sodawasser zum Auffüllen, 5–6 Zweige Thymian zum Garnieren

INGWER PÜRIEREN

Den Ingwer schälen und mit der Kurkuma, dem Honig, dem Limettensaft, den Pfefferkörnern und 750 ml Wasser in den Standmixer geben. So lange pürieren, bis eine weiche Textur erreicht ist.

CHIA QUELLEN LASSEN

- Die Flüssigkeit aus dem Standmixer durch ein feines Sieb in eine Schüssel abseihen.
- Die Chiasamen untermischen und etwa 10 Min. ziehen lassen, bis sie aufquellen.

Sie möchten den Tonic vorbereiten? Dann die Chiasamen erst kurz vor dem Servieren hinzufügen.

FERTIGSTELLEN

- Ein Highball- oder Tumbler-Glas mit Eiswürfeln füllen und je nach Geschmack etwas Gewürzsaft dazugießen.
- Mit Sodawasser aufgießen und mit einem Thymianzweig garnieren.

LA BOHÈME NOIRE

mit kräftigem Schwarztee

Eistee de luxe. Die Kombination aus Schwarztee, Lavendel, Honig und Holunderblüte hat ein hohes Suchtpotenzial. So geht Tea Time mal anders.

1
PERSON

5
MIN. ZUBEREITUNG
+ 1 STD. ZIEHEN UND VORBEREITUNG

ZUTATEN

290 g Honig, 1,5 TL Lavendelblüten, 1–2 TL loser Schwarztee, 1,5 cl Holunderblütensirup, 1 Lavendelstiel zum Garnieren

SIRUP KOCHEN

Für den Lavendel-Honig-Sirup den Honig mit 100 ml Wasser in einen Topf geben, erhitzen und verrühren, bis sich der Honig aufgelöst hat. Den Lavendel dazugeben, umrühren und mindestens 30 Min. ziehen lassen. Dann abseihen, in eine saubere Flasche füllen und kühl stellen.

SHAKE, SHAKE

- Aus dem losen Tee einen kräftigen Schwarztee herstellen.
- 4,5 cl Lavendel-Honig-Sirup mit 100 ml Schwarztee und dem Holunderblütensirup in den Shaker geben.
- Einige Eiswürfel dazugeben und 10 bis 15 Mal kräftig schütteln.
- In einen Julep-Becher oder Tumbler auf Crushed Ice oder Cracked Ice abseihen und mit dem Lavendelstiel garnieren.

FRISCHE BLÜTEN?

Wenn Sie den Lavendelsirup mit frischen Lavendelblüten zubereiten möchten, müssen Sie vorsichtig mit der Temperatur umgehen, damit sich die Aromen nicht verflüchtigen: den Sirup zuerst abkühlen lassen, bevor die Blüten hinzugefügt werden. Dann mit geschlossenem Deckel 30 Min. ziehen lassen.

MANGO MARGARITA

mit Himbeeren

Warum nicht mal mit einem Cocktail in den Tag starten? Diese vitalisierende Fruchtbombe bringt das Müsli gleich mit.

1
PERSON

20
MIN. ZUBEREITUNG

ZUTATEN

2 EL Granola, 1 Bio-Limetten- oder -Zitronenscheibe, 2–3 cm Ingwer, 6 Himbeeren, 2 cl Limettensaft, 60 ml Mangosaft, 60 ml Grapefruitsaft, 1 Bio-Limettenscheibe zum Garnieren

MÜSLI-RAND

Das Granola im Mörser sehr fein zerstoßen. Mit 1 Limetten- oder Zitronenscheibe den Rand einer Cocktailschale gut benetzen und diesen vorsichtig in das gemahlene Granola tippen, bis der ganze Glasrand bedeckt ist.

FERTIGSTELLEN

- Den Ingwer schälen und fein reiben. Die Himbeeren waschen und trocken tupfen.
- 1 TL Ingwer mit den Himbeeren, dem Limettensaft, dem Mangosaft und dem Grapefruitsaft im Standmixer mixen.
- In die Cocktailschale abseihen.
- Mit der Limettenscheibe garnieren.

OHNE MIXER

Dieser Drink lässt sich auch ohne Standmixer zubereiten. Dafür alle Zutaten in den Shaker geben und mit dem Stößel kräftig zerdrücken. Eiswürfel dazu und 10 bis 15 Mal kräftig schütteln. Doppelt in das Glas abseihen.

MARACUJA-MOCKTAIL

mit Thymian

Exotisch fruchtig mit feiner Thymiannote: Der Maracuja-Mocktail ist Gaumenfreude und Kraftspender zugleich. Da wird ganz schnell eine Passion daraus.

1
PERSON

10
MIN. ZUBEREITUNG

ZUTATEN

1 Maracuja, 1 Zweig Thymian, 75 ml Limettensaft, 3 cl Ananassaft, 2,5 cl Zuckersirup, 1 Zweig Thymian zum Garnieren

MARACUJA LÖFFELN

Die Maracuja quer halbieren und das Fruchtfleisch mit einem Teelöffel herausschaben. Das Fruchtfleisch in den Shaker geben. Einen Thymianzweig waschen, dazugeben und beides mit dem Stößel kräftig andrücken.

ZUTATEN MISCHEN

- 120 ml Wasser, den Limettensaft, den Ananassaft und den Zuckersirup dazugeben.
- Eiswürfel hinzufügen und alles 5 Mal kräftig schütteln (nicht länger, da der Drink ansonsten zu stark verwässert).
- Doppelt in ein Coupette-Glas abseihen.
- Mit 1 Thymianzweig garnieren.

DIE REIFEPRÜFUNG

Beim Kauf auf reife Maracuja achten, also auf eine mit schrumpeliger Schale – dann hat die Frucht das beste Aroma. Die Maracuja lässt sich hier auch gut durch ½ kleine Mango ersetzen.

PEACH

better have my honey

Wenn gegrillter Pfirsich und Basilikum aufeinandertreffen, können Sie eine spannende Geschmackskombination erwarten.

1
PERSON

5
MIN. ZUBEREITUNG
+ 10 MIN. GRILLEN
+ 12 STD. KÜHLEN

ZUTATEN

6 Pfirsiche, 1 Bund Basilikum, 240 g Zucker, 70 g Honig, 2,5 cl Zitronensaft, Ginger Ale zum Auffüllen, 1 Stiel Basilikum zum Garnieren

AM VORTAG

Für den Pfirsich-Basilikum-Extrakt (Oleo Saccharum) die Pfirsiche waschen, halbieren, entsteinen und etwa 10 Min. grillen, bis die Schnittfläche gebräunt ist. Das Basilikum waschen und trocken schütteln. Die Blätter abzupfen. Mit den Pfirsichen in eine Schüssel geben, 80 g Zucker untermischen und kühl stellen. Alle 2 Std. je 80 g Zucker dazugeben, bis der Zucker aufgebraucht ist. Über Nacht in den Kühlschrank stellen.

AM NÄCHSTEN TAG

- Den Pfirsich-Basilikum-Sud durch ein Passiertuch drücken.
- Für den Honigsirup den Honig und 50 ml Wasser in einem Topf erhitzen und verrühren.
- Den Honigsirup in eine saubere Flasche füllen und in den Kühlschrank stellen.

Yummy!

FERTIGSTELLEN

- 2,5 cl Pfirsich-Basilikum-Extrakt mit 1,5 cl Honigsirup und dem Zitronensaft in den Shaker geben.
- Eiswürfel dazugeben und alles 10 bis 15 Mal kräftig schütteln.
- In ein Tumbler-Glas auf frische Eiswürfel abseihen, mit Ginger Ale auffüllen und mit 1 Basilikumstiel garnieren.

PSYCHEDELIC BACKYARD

mit Banane und Chili

Dieser fantastische Mocktail entführt Sie in eine andere Welt und ist genau das Richtige, wenn Sie das Spiel zwischen süß, sauer und einer leicht prickelnden Schärfe lieben.

1
PERSON

5
MIN. ZUBEREITUNG

ZUTATEN

1 Bio-Limetten- oder Zitronenscheibe, grobes Salz, 1 Jalapeñoscheibe (scharfe Paprikasorte), 3 cm Banane, 4,5 cl Verjus (saurer Saft aus unreifen Trauben), 1 cl Himbeersirup, 2,5 cl Limettensaft, 1 Bio-Limettenscheibe zum Garnieren

SALZRAND HERSTELLEN

Mit 1 Limetten- oder Zitronenscheibe den Glasrand gut benetzen und diesen rundum vorsichtig in das Salz dippen. Dabei immer darauf achten, das Glas in einem Winkel zu halten, sodass das Salz am äußeren Rand kleben bleibt. Hält man das Glas zu aufrecht, bleibt Salz am oberen oder gar inneren Rand kleben und läuft Gefahr, mit der Zeit in den Drink zu fallen.

ALLES DRÜCKEN!

- Die Jalapeñoscheibe in den Shaker geben und mit dem Stößel kräftig andrücken.
- Die Banane, den Verjus, den Himbeersirup und den Limettensaft dazugeben und die Banane nochmals leicht andrücken.

UND SCHÜTTELN

- Eiswürfel dazugeben und alles 15 Mal kräftig schütteln.
- Doppelt in ein Coupette-Glas abseihen und mit 1 Limettenscheibe garnieren.

REVITALIZER

mit Möhre, Apfel und Ingwer

Macht seinem Namen alle Ehre: Das Zusammenspiel von Apfel und Möhre umschmeichelt den Gaumen und kitzelt alle Sinne wach.

1
PERSON

15
MIN. ZUBEREITUNG

ZUTATEN

2–3 Äpfel (ersatzweise 65 ml Apfelsaft), 1–2 Möhren (ersatzweise 4 cl Möhrensaft), 1 cl Ingwersirup (siehe S. 11), 1 cl Limettensaft, 1 Apfelspalte zum Garnieren

ENTSAFTEN

Die Äpfel und die Möhren waschen. Zuerst einige Äpfel in den Entsafter geben, dann mit einem neuen Auffanggefäß die Karotten entsaften. 65 ml Apfelsaft und 4 cl Möhrensaft abmessen.

SHAKE IT, BABY!

- Beide Säfte, den Ingwersirup und den Limettensaft in den Shaker geben.
- Eiswürfel dazugeben und alles 10 bis 15 Mal kräftig schütteln.
- Doppelt in ein Coupette- oder Mason-Jar-Glas abseihen.
- Mit der Apfelspalte garnieren.

Je mehr, desto besser: Das Entsaften der Äpfel und Möhren lohnt sich vor allem für größere Mengen des Revitalizers.

SINGAPORE SLING PG-13

mit Granatapfel

Der Gin-Cocktail aus dem Raffles-Hotel in Singapur ist einer der großen Barklassiker. Aber auch ohne Alkohol werden Sie nichts vermissen.

1
PERSON

5
MIN. ZUBEREITUNG

ZUTATEN

3 Stiele Minze, 4 cl Granatapfelsaft, 60 ml Mangosaft, 60 ml Ananassaft, 2 cl Limettensaft, Sodawasser zum Auffüllen, 1 Stiel Minze zum Garnieren

Christian Teubner

Les Desserts

120 recettes illustrées pour toutes les occasions

FRANCE LOISIRS

Table des recettes

Table des recettes

Edition du Club France Loisirs, Paris,
avec l'autorisation des Editions Solar

Titre original de cet ouvrage :
DESSERTS

Traduit de l'allemand par Marie-Emmanuelle Haas

Adapté par Danièle de Yparraguirre

Photos : Christian Teubner
Rédaction : Antje Schunka
Photocomposition : Nord Compo, Villeneuve-d'Ascq

ISBN édition originale: 3-7742-5221-1
ISBN: 2-7242-2985-1

MINZE SCHLAGEN

3 Minzestiele waschen, trocken tupfen und 3 Mal kräftig gegen den Handrücken klatschen, damit sich die ätherischen Öle der Minze entfalten.

SÄFTE SCHÜTTELN

- Den Granatapfelsaft, den Mangosaft, den Ananassaft und den Limettensaft in den Shaker geben.
- Die 3 Minzestiele hinzufügen.
- Eiswürfel dazugeben und alles 10 Mal kräftig schütteln.

Minimum an Zutaten, Maximum an Geschmack.

EIS SCHICHTEN

- In ein mit Crushed Ice befülltes Collins-Glas doppelt abseihen.
- Mit etwas Sodawasser aufgießen.
- Noch einmal Crushed Ice daraufgeben, sodass sich eine schöne Eisspitze ergibt.
- Mit Minze garnieren.

SWITCHEL

aka Haymaker's Punch

... erfrischt amerikanische Feldarbeiter schon seit Jahrzehnten und ist ein Standard der zeitgenössischen Mocktailschule. Völlig zu Recht.

1
PERSON

5
MIN. ZUBEREITUNG
+ MIND. 12 STD. KÜHLEN
+ 1 STD. VORBEREITUNG

ZUTATEN

4 cm Ingwer, 1 Bio-Limette, 4 cl naturtrüber Apfelessig, 60 ml Ahornsirup, Sodawasser zum Auffüllen, 1 Bio-Limettenscheibe zum Garnieren

HACKEN, PRESSEN …

- Den Ingwer schälen und klein hacken.
- Die Limette heiß waschen, trocken reiben und die Schale mit dem Zestenreißer abziehen. Die Limette auspressen.
- Ingwer, Limettensaft und -zesten mit dem Apfelessig, dem Ahornsirup und 400 ml Wasser in eine Karaffe geben und gut verrühren.

… KÜHL STELLEN

In eine Flasche oder ein beliebiges Gefäß umfüllen, das sich luftdicht verschließen lässt. Mindestens 12 Std. in den Kühlschrank stellen.

NACH 12 STUNDEN

- Den Switchel durch ein feines Sieb in ein mit Eiswürfeln gefülltes Tumbler-Glas abseihen, dabei die Menge nach Geschmack anpassen.
- Mit Sodawasser aufgießen.
- Mit der Limettenscheibe garnieren.

THE REHYDRATOR

mit Aloe vera

Die Kirschen stehen im Rampenlicht, im Background singen Aloe vera und Cranberry. Und zusammen machen sie richtig gute Musik!

1
PERSON

5
MIN. ZUBEREITUNG

ZUTATEN

5 frische Kirschen (entsteint; siehe Tipp rechts), 1 TL Honig, 60 ml Aloe-vera-Saft, 4 cl Cranberrysaft (ungesüßt), 2 cl Limettensaft

KIRSCHEN DRÜCKEN

- Die Kirschen und den Honig in den Shaker geben und mit dem Stößel gut zerdrücken.
- Den Aloe-vera-Saft, den Cranberrysaft und den Limettensaft dazugeben.

ETWAS EIS DAZU

- Den Shaker mit Eiswürfeln auffüllen.
- Alles etwa 20 Sekunden lang schütteln.
- Doppelt in ein Coupette-Glas abseihen.

COOL IT

Drinks in einem Coupette-Glas werden nicht auf Eis serviert. Wenn Sie das Coupette-Glas vorher in das Gefrierfach stellen, bleibt der Drink länger kalt und erfrischend.

Es gibt keine frischen Kirschen? Nehmen Sie 3 eingelegte aus dem Glas!

VIRGIN BLOODY MARY

Tomate mit Pfiff

Die würzig-scharfe Energiebombe wirkt auch ohne Alkohol. Ob morgens, nachmittags oder abends, der Tomatenschub eignet sich zu jeder Tageszeit.

1
PERSON

5
MIN. ZUBEREITUNG

ZUTATEN

150 ml Tomatensaft, 1 cl Zitronensaft, 2–3 Spritzer Worcestershiresauce, 5–6 Spritzer Tabascosauce, Salz, Selleriesalz, Pfeffer, 1 Stange Sellerie zum Garnieren

MISCHEN UND WÜRZEN

- Ein Highball-Glas mit Eiswürfeln füllen.
- Den Tomatensaft eingießen.
- Den Zitronensaft hinzufügen.
- Mit der Worcestershiresauce, der Tabascosauce, Salz, Selleriesalz und Pfeffer abschmecken.

SCHMELZEN LASSEN

- Alles mit einem (Bar-)Löffel mindestens 15 Mal an der Innenseite des Glases entlang verrühren, bis sich der Inhalt durch das Schmelzen der Eiswürfel etwas absenkt.
- Den Sellerie waschen, trocken tupfen und in das Glas stecken. Den Drink mit so vielen Eiswürfeln auffüllen, dass sie großzügig über den Glasrand schauen.

DER PERFEKTE WURF

Um eine bessere Durchmischung der Zutaten zu erreichen, kann man die Virgin Bloody Mary alternativ „werfen“: Dazu alle Zutaten in einen Teil des Shakers geben, den zweiten Teil mit Eiswürfeln füllen. Die Flüssigkeit in den Aufsatz mit den Eiswürfeln kippen und alles 10 bis 15 Mal zwischen beiden Teilen hin- und herschütten. In das mit Eiswürfeln gefüllte Highball-Glas abseihen.

VIRGIN WHITE LADY

mit Grapefruit

Die alkoholfreie Variante eines großen Klassikers der Cocktailgeschichte, in dem Grapefruit die Rolle des Gins übernimmt. Cheers!

1
PERSON

5
MIN. ZUBEREITUNG

ZUTATEN

4 cl Grapefruitsaft, 2 cl Zitronensaft, 2 cl Holunderblütensirup, 1 cl Zuckersirup, 1 Eiweiß, 1 Bio-Zitronenspirale zum Garnieren (siehe Trick rechts)

EIWEISS AUFSCHLAGEN

- Den Grapefruitsaft, den Zitronensaft, den Holunderblütensirup, den Zuckersirup und das Eiweiß in den Shaker geben.
- Alles 10 bis 15 Mal kräftig schütteln.

DAS EIS DAZU

Dann 5 bis 6 Eiswürfel dazugeben und noch mal 10 bis 15 Mal kräftig schütteln. In ein Coupette-Glas abseihen und mit der Zitronenspirale garnieren.

STROHHALM-TRICK

Spiralen und Zesten sind nicht bloß Zierde, sie verleihen jedem Drink auch zusätzliches Aroma und sind teilweise essenziell für seine Ausgewogenheit. Für eine gelungene Zitronenspirale nimmt man einen Zestenreißer oder behilft sich mit dem Sparschäler. Die etwa 10 cm lange Spirale wickelt man um einen Strohhalm – so behält sie auch im Drink ihre Form.

REGISTER

JUST DELICIOUS

Kaiserstraße 14 b
D-80801 München
ISBN: 978-3-89883-657-9

1. Auflage 2017

Projektleitung: Ines Alms
Rezepte & Texte: Stefan Adrian & Anna Rebecca Wiedermann
Lektorat: Michaela Baur
Grafische Gestaltung: kral & kral design, München,
Julia Arzberger, Catharina Burmester
Covergestaltung: Johanna Höflich
Fotografie: Martina Görlach, Katrin Winner
(Eising Studio | Food Photo & Video)
Foodstyling: Sebastian Aurich, Alissa Poller
Illustrationen: Shutterstock
Herstellung: Frank Jansen
Producing: Jan Russok
Druck & Bindung:
optimal media GmbH, Röbel

Die ZS Verlag GmbH ist ein Unternehmen der Edel AG, Hamburg.
www.zsverlag.de | www.facebook.com/zsverlag

Roll around the world

Marianne Zunner
Glücksrollen aus aller Welt

Schnell in Schale werfen

Martin Kintrup
Super Bowls

No Carb, no Stress

Inga Pfannebecker
No Carb Abendessen

JUST DELICIOUS

Ratzfatz und gesund

Sarah Schocke
Clean Eating Express

Die neue Kokos-Manie

Tanja Dusy
Coconut Kitchen

Schlankes für zwischendurch

Inga Pfannebecker
Low Carb Snacks

Jetzt überall,
wo es gute Bücher gibt.